Anna wischt den Boden

Von Mette Brahm Lauritsen

Carlsen Verlag

Anna will
heute mit Mutti
spazierengehen.
Aber vorher muß
Mutti erst noch
saubermachen.

Das dauert schon schrecklich lange,
denkt Anna. Und wartet ungeduldig …

Jetzt muß Mutti nur noch schnell den Boden wischen. Doch

...da klingelt das Telefon! Und Mutti nimmt ab, macht es sich im Sessel bequem und redet.

Anna will nicht länger untätig warten. Sie hat eine gute Idee. Ich könnte doch wischen, überlegt sie, dann wäre alles schnell fertig, und wir könnten endlich spazierengehen.

Aber das soll
eine Über-
raschung
werden.
Deshalb
schließt Anna
leise die Tür
zum Wohn-
zimmer,
wo Mutti noch
immer
telefoniert.

Anna weiß natürlich, wie Fußböden gewischt werden.

Sie hat oft zugesehen,
wie Mutti
gewischt hat.
Im Nu ist
der Eimer leer,
und Anna muß
neues Wasser holen.

Damit der
Boden auch
richtig sauber
wird, schüttet sie
ordentlich viel
Reinigungsmittel
ins Wasser!

Der volle Eimer ist
aber schwer.
Er ist auch zu voll,
und etwas Wasser
schwappt über den Rand.
Das wird sie später
einfach aufwischen.

Toll sieht das aus!
Überall schöner
weißer Schaum!
Fast wie Schnee.
Anna möchte
rutschen. Ob das
wohl geht? fragt
sie sich.

Und wie das geht!
Sie schliddert
von einer Wand
zur anderen …

...und wieder
zurück.
Huiih, wie das
im Magen kribbelt!

DOCH DANN RUTSCHT ANNA AUS!

O Schreck! So ein Pech!
Anna sitzt auf
dem nassen Boden.
So viel Wasser! denkt Anna.
Was mach ich bloß damit?

Zum Glück
telefoniert
Mutti noch.
Anna hört es
durch die Tür.

Vielleicht kann sie
ja das Wasser
schnell in den
Eimer zurück-
schieben.
Doch das Wasser
will nicht.
Was nun?

Vielleicht sollte sie
mit dem schönen
Seifenwasser gleich
auch den Küchen-
fußboden wischen?
Diese Idee gefällt ihr.
Und so verteilt sie
das Wasser auf dem
Küchenfußboden.

Im Badezimmer ist das Wischen besonders einfach. Anna dreht den Wasserhahn auf und gibt das Seifenmittel dazu.

Soviel Schaum!!
Damit muß es
ja sauber
werden . . .